EL ABISMO EN LOS DEDOS

EL ABISMO EN LOS DEDOS

Manuel Adrián López

eRIGINAL Books

Publicado por Eriginal Books
Published by Eriginal Books
Miami, Florida

© del texto / Text copyright: Manuel Adrián López , 2017
© pintura de la portada/Cover painting: Cándida Rodríguez, 2020
© de esta edición / This edition copyright: Eriginal Books, 2020

Primera edición: Diciembre 2020

ISBN: 978-1-61370-113-3

Toma mi mano
Acaríciala con cuidado
Está recién cortada.
Raúl Gómez Jattin

Volví a leer sus versos memorables
premiados por origenistas
jueces de manos tiznadas.
Fui en busca de una pista
indagué en las profundidades de sus libros
me sumergí
dejé que el sargazo de pueblo polvoriento
me asfixiara.
Disequé la lombriz
me disequé a mí mismo
introduje el bisturí
sin temblarme la mano.

Debo pretender que todo ha sido una pesadilla
el resultado del Zoloft
mezclado con el vino.
Me he convertido en minero
excavador en busca de evidencias.
Recolecté las historias que iban llegando de:
Isla de Pinos
Shenandoah
Pinar del Río
devoradas por el comején de una isla.

El altar ha colapsado.
Su grandeza ante mis ojos.

Eliminar las imágenes
su cuerpo en bandeja
tentación para el tonto del Alto Manhattan.
Embobecerlo
pero jamás tocarlo.
Es imprescindible que muerda la carnada.

El tonto se revela un veinticinco de diciembre.
Se le llena la boca de hormigas
advierte que no quiere vivir a su lado.

Se produce el derrumbe.

He diseñado varias formas para lograr un suicidio
un fósforo rayado a sus espaldas
un ahorcado que danza suspendido por un cinturón
un hombre envenenado por humos tóxicos
enjaulado en su convertible.
Un convertible sin paradero.
Un convertible endeudado.

Le he pedido su caída a San Lázaro
a la estatua robada.
Nada dicho de sus labios
puede ser cierto.
Soy culpable lo admito
he pedido un suicidio para un poeta.

Su desaparición:
bálsamo imprescindible.

Lo peor de ver a un hombre sin máscara
no es su verdad.
La verdad es circunstancial
se manipula
se le puede aplicar una pátina
ese verde gris
de las ánforas griegas
la nostalgia de un objeto hallado a la entrada
del cementerio
o una canción de un trovador oportunista
huracán no atormentes mi sol/ suficientes celajes oscuros
soporta el amor.
Escuchar planes de guerra
falsedades para reubicarse
puede causarle a uno
mínimo…
un huracán interior.
Ves desfilar los episodios combatientes
desoladoras imágenes recibidas con el cuerpo desnudo
con el fusil erecto
vistiendo cierto antifaz
intentando hacerte sucumbir
ante un nuevo plan despiadado.
Lo peor de ver a un hombre sin máscara
es no poder recuperar ni un solo verso
única posesión suya
de valentía
herramienta efectiva para la seducción.

Ladronzuelo empedernido
un libro que nunca pagó
una recogida para el pobrecito
un anillo de platino
fugitivo en su bolsillo
una cena a la que te invitó
y terminaste pagando tú.

Lo gritó enfurecido
que te robaría a todos tus amigos.
Y lo hizo.

El peor de los robos ha sido
robarte la admiración
por lo que un día escribió.

Vuelve el sablazo de la madrugada
se oye el silbido de un pájaro
que no lo es
más bien un hombre herido
vacunado con lo que ha podido pagar.

Nunca aprendí a silbar.
He cambiado caricias
por paseos
por un ostensorio
que ahora brilla en espera
de ser comprado
por otro falso religioso.

Se confunden mis pesadillas
con la música del drogadicto.
Él busca un respiro
debajo de las escaleras
y yo me mantengo
escondido
detrás de las persianas
espiándolo.

No he superado las madrugadas.
No he logrado tomar café en la mañana
con otro que lo quiera hacer conmigo.
No miro a este hombre repulsivo a los ojos
por temor a parecérmele.

Una montaña de libros a su alrededor
Paul Bowles con su eterna Jane
los diarios de Sylvia
un último confesionario de la Sexton
y hasta el bosque de Djuna
reposan a un lado
en su escritorio rojizo.

No sabe por dónde comenzar.
No tiene solución inmediata.
No sabe cuál problema atacar primero.

Planea la fuga
irá pisando las bolsitas plásticas
ya sin droga
de camino al parque
al costado de La Marina
dónde abandonan libretas sin versos.
Será un amanecer
gris y helado
desierto
solo algún ciclista a lo lejos.
Se detendrá al final.
Tantas veces ha capturado
esa imagen para aliviarse
desde la roca apacible.
Roca que nadie sabe cómo llegó.

Desde ahí tambaleará tres veces.
Inadecuado
hasta para la muerte.

Supo lo que es intentar el suicidio
demasiado temprano
con sabor navideño
mezclado con *champagne*
y cientos de pastillitas multicolores.
El piso frío lo arropó
mientras su cuerpo imperfecto
yacía exhibiéndose en vidriera.

Al regreso de ese viaje en tren
solo recuerda un bulto
un amasijo de carne y colchas
que no fue capaz de tocar.
Sintió que habitaba en su interior
un gran tanque de basura.

Veintiún años después
anduvo desesperadamente
por la orilla del Hudson
explorando
en busca del sitio idílico
en busca de un final.

Desprenderse
pisar el abismo.
Sí pisarlo.
Tocar su pared con la yema de los dedos.
Es rocosa
áspera
color berenjena.
Te hacen un recibimiento de alfombra roja
esperan paciente
a la primera arcada.
Han ido aplicándote el veneno
microscópicamente
gotas agridulces
para que no te enteres del plan.
Eres un adicto
y este es tu proceso de desintoxicación.
O lo rebasas
o te quedas en la ceremonia de premios
que han inventado
los de capuchas marrón
los de sonrisas ahuecadas.
Esos que te persiguen
desde la niñez.

El resplandor de la página en blanco
la pupila dando saltos
una liebre ciega al borde del precipicio
labios indeseados
piel sin rozar otra piel.

Un hombre cerniendo un universo.

Le han preguntado si escribe poemas de amor.
Permaneció en silencio lo que pudo.
Todos han sido destinados al querer
a la falta de pasión
a la escasez de una mano detenida
sobre su pecho.
Recuerda un poema tardío
desde Ellwood.
Ese que lo despertó
del letargo
del ostracismo de caricias
para luego saborear
la carnada
amago de caramelo al infante.
Brisa otoñal
advirtiendo
del aislamiento
invernal.

Aceite de oliva y azúcar blanca
restriéguense los pies
el uno con el otro.
Píntale los labios
con el *rouge* encontrado
en la acera
al lado del charco de orine.
Abandono de perros
y sus dueños
enfrascados con el celular.
¿Te gustan las mujeres o los hombres?
Hazme una lista de tus pasadas relaciones
y el porqué de los fracasos.
Es tiempo de andar en diferentes rumbos.
Extiende los dedos de los pies.
No te avergüences
asómalos como sombrilla de playa.
Deja ver los ramilletes de la diabetes.
Inserta el dedo gordo en un tomate verde
pisa la lechuga fresca.
Que se lleve el fuego que almacenas
en ese cascarón
a punto de colapsar.
No aceptes ser tertuliano de nadie
al menos que te paguen
y puede ser con especias.
Comino para la carne que pudre tu interior
pimienta negra para el salmón
ajo para espantar espíritus
ajo molido para cualquier ocasión.

Y escribe.
Escribe sobre lo que el muerto manda.
Siete páginas y un tema.
El resto terminará en la basura de Altragracia
envuelto en las cáscaras de plátano verde
machucado por el japonés
y las tetas danzantes de Herminia
o era Heliotropo.
No espera.
Esta receta me la pasó mi abuela irlandesa
y la hemos aplicado a cuanto tonto
ha pasado por esta sala.
¡Ah los cubanos siempre necesitando algo!
¡Ah los caribeños practicantes!
¡Ah poetas que endulzan a brujas
para luego hacerlas sancocho en cualquier esquina!
¿O es a la inversa?

Apártate.
No has comprendido nada.
Esto ha sido una muestra de total confianza.

El poeta no se enamora de zorras
y menos de las que lo difaman
a sus espaldas.

Es puta en la cama
prefiere a machos que dan nalgadas
y marcan su territorio
gota a gota.
A la hora del baño se arrodilla
recibe su merecido
y pide más.

La soga está encima de la cama
reposa
esperando que la tomen
que se llenen de valentía
y la dobleguen a su cuello
mordido
por el joven de Arizona
con olor a miel
y azufre.
Ha vestido la habitación
con baratijas
lucen esplendorosas
antes los ojos inocentes.
Se muestra sin tapujos
no apaga la luz
¡esto es lo que hay!
o lo gozas
o te marchas.
El joven de Arizona
prometía
escudriñaba cada rincón de su cuerpo
usaba la lengua como brújula
transitaba por la espalda con destreza.
Conquistador de aridez
lobo de desierto.
El idilio duró dos semanas y una noche de embriaguez.

En esta habitación solo quedan el muerto y la soga
esperando por alguien que salve a la gata.

Veo esculturas de todo tipo
pecadores y mártires
dependiendo de la historia de cada cual.
Personas posan al lado de tiranos
le llaman héroes.
Amigos rezan a Buda
mi madre a la Virgen
yo he dejado de hacerlo.
Poetas alaban a un hombre
encargado de dar luz verde a matar.
Eso le ha ganado un homenaje eterno
al estilo de Hollywood.
Todavía los abrazo.
Algunos sacrifican animales:
una paloma blanca para Obatalá
un gallo para Elegguá.
Las esculturas no me ofenden
son desechos fallidos de un pasado.
Un pasado sangriento.
Pero si tengo una lista de acciones que me afligen.
Un inventario típico con el comportamiento de seres humanos
creadores de tsunamis
y destructores de países enteros.
El hombre en la esquina llamándome "pato"
es real.
La plaga del Castrismo que nunca acaba.
Eso también es real.

No me ofende

cuando alguien escoge helado de fresa
habiendo el chocolate de siempre.
Prefiero un trozo de bronce muerto
en vez de los alaridos constantes
de ambos lados de la controversia.
La conveniente oportunidad para una foto
odiosas consignas de "destituir" o "viva".
Me disgustan
siendo igual la raíz de su origen.
Pero lo peor de aceptar
es la bofetada constante.
Lo que anduviste.
Lo que serás.

Viste la bata blanca
la que lleva bordada una M
estratégicamente en el lado enfermo
regalo de celebraciones ficticias.
No se ha peinado.
La barba parece nido de avestruz.
El que le devuelve la mirada
desde un espejo sin colgar
debe ser otro.
Un desconocido que habita temporalmente
en esta habitación.
Un hombre con las piernas marcadas
mapas parecen
por los rasguños de la gata.
La Nazimova también ha ido a parar al piso.
Se ha convertido en un testigo más.
Celebra a la par
cuando lo ve con la copa llena
encima de la mesita de noche
lo único que queda de un matrimonio
malogrado.

Arma rompecabezas con las pastillas
estratega agrio
trazando un plan.

Dejó caer los guerreros a la orilla del Hudson
Nunca fueron suyos
eran la extensión del embustero.
Se quebró la vasija al caer
contra las rocas que alguna vez
sirvieron de asiento.
Asiento para los Lenapes
y todos los que han llegado después.
No ha vuelto a tomar el camino desolado
bordeando el rio.
No ha podido volver a digerir el arroz con pollo.
De pensarlo
le provoca náusea.
No ha tenido la fuerza de enfrentar
lo que pudo quedar.
Siente un gran vacío o será respiro.
Es imposible recordar quién anduvo a su lado.

Involúcrate

canta a la par de las poetisas
reclama en las plataformas cibernéticas
los derechos de los marcianos
aclama los logros de la revolución
denuncia los *stilettos* de la primera dama
lleva una boina de asesino
para que te respeten.
Habla a menudo sobre la pobreza
no la del espíritu
esa no la menciones.
Canta las canciones aprobadas por el censor
deja comentarios apropiados:
"Gracias Mer"
Pregunta si cada negro que has traído a tu cama
te califica para ser considerado miembro
del clan
de los poetas célebres
del reinado de la azotea
del que escribe un poema sentado en el *toilet*.
Investiga.
Es hora de que entres por el aro
ya es tiempo de que te afeites el pubis
como lo hace la novia del bulldog
y se lo muestres a los profesores
supuestos heterosexuales
hambrientos de tus labios
succionando sus grandezas
y pequeñeces
hasta atragantarte con el fluido pegajoso

pudiendo germinar un monstruo.
Lo mismo puede ser una doctora con faldas de ortodoxa
u otra con zapatos puntiagudos
y corbatín de macho intelectual.
No gastes más tiempo en leer a Adrienne Rich
enfócate en las caribeñas
las que puedan hacerte llegar a las editoriales europeas
esas que solo publican a lesbianas
o amigos de la Lolita
pero no la de Nabokov.
Primero escribe una oda a Carilda
y siéntate a esperar tu invitación
para participar en la Feria
donde los fusilados te aplaudirán.
Esta es ficha de tablero isleño.

No sigas oyendo la misma canción de Tom Waits
Este es tu verdadero exilio
no el que se han empecinado en crearte.
Aquí es donde has medido fuerzas
vives contando el kilo
apilando las cuentas que llegan por correos.
Un mes pagas la corriente
y otro te compras la mantequilla francesa.
Lo que no puede faltar es la comida de la gata
el café
y algún pan o galletas.
Se llevaron los cuchillos
la batidora color fuego
el abridor eléctrico
y esa pieza que no sabes cómo llamarle
para servir el helado.
No puedes darte el lujo de comprar helado.
Mejor así
ya bastante dulce eres
apabullante
y la alimentación ahora viene a través de los libros.
Has ido desprendiéndote de recuerdos
va quedando menos.
Has sacado un montón de imágenes
y ahora cuelgan en la pared que estaba desierta
en la habitación que nunca compartiste.
Se puede lidiar con la soledad de uno
pero esa que es añadida
es insufrible
mustia

con olor a animal muerto.
Esta ciudad no te conoce
y tu vecindario no es apropiado para
ciertos comensales que donan a partidos políticos
dándose golpecitos en la frente de solidarios
pero no quieren juntarse con los más necesitados.

¡Ah este exilio neoyorquino casi a los cincuenta!
Divorciado
padre soltero de una gata.
Bajas una aplicación para conocer hombres
y te das cuenta de que tu momento ha pasado
le respondes al primero que se atreve a saludarte.
Un dominicano que ve televisión como pasatiempo.
El americano que quiere penetrarte sin protección.
Un joven mexicoamericano que vive en tu misma calle.
¡Y saltas de emoción!
Has dado con alguien a solo unos pasos
y no es cubano
y es joven
y te besa como hacía años nadie te besaba
y explora tu cuerpo imperfecto
con desenfreno
y te devora
su saliva se confunde con la tuya
es dulce
pero no empalaga
se mezclan de un modo inusual.
Es un hombre roto al igual que tú.
Pero ahora te es imposible cuidarlo.
es tiempo de que te cuiden a ti
que te lleven de la mano.

Estás frágil como la porcelana alemana
aunque aparentes ser un roble
en las fotos que cuelgas en la red.
Ejercicio que repites para intentar
gustar un poco.
Estás anclado dentro de ese apartamento
y sientes que de ahí no saldrás con vida.

El ruido diario del basurero
te seduce.
Esa sinfonía matutina
sin tener idea de su rostro.
Oyes su melodía
la voz ronca sin distinguir las palabras.
Te sientes tentado a levantarte de la cama
y mirar a través de la ventana
para conocerlo.
En estos tiempos de búsqueda
cualquiera puede ser el hombre de tus sueños.
Nunca te levantas de ese altar
que has convertido en cama.
Nunca lo miras.
No sabes su nombre.
Si lo tuvieras enfrente tampoco lo reconocerías
al menos que cantara
al menos que pronunciara las palabras incongruentes
que pronuncia cada amanecer.

A veces conversa con la gata
se miran a los ojos detenidamente
ambos indecisos de lo que vendrá.
La gata se enamora menos fácil
es más cautelosa
cuestiona el vaivén de las azucenas
en el jarrón
cada vez que su rabo lo toca.
Pero él muere como el pez.
Un beso bien dado
salivoso
le produce un derrumbe de muralla
un sacudón
y resbala.
Resbala como el borracho
que terminó en su cama
acariciándolo
con ese olor impregnado en las sábanas
con el malva de los apretones
con el semen en la punta.

Sobrevivieron los garbanzos que iban destinados para el joven
esta vez no fueron víctimas de un incendio.
Quedaron doraditos con toques de verde perejil
y aceitunas palestinas
compradas en New Jersey
un día de compras con la poeta armenia.
Los comió acompañado del Malbec
y la Fitzgerald de fondo.
Esperó por el joven lo que pudo.

No llegó a probarlos.
Se echaron a la cama
y esta vez ninguno de los dos logró
complacerse
ni complacer al otro.

Es hora de salir
a cazar miradas
tomar nota
de los rostros que aparecen
y desaparecen.
Debe bajar los escalones
ir contando los condones desechados
las semillas de pájaros
el calzoncillo abandonado
después que su dueño
fue consumido en la penumbra de los matorrales.
Al final debe retroceder
volver a revisar los rostros en exhibición
desde el muro
encontrarse con el dominicano
que habla y habla
de su padre
y sus modos de crianza.
O por ahí dar con el negro en cuclillas
mostrando el comienzo de la carretera
lampiño
con piel brillosa
en contraste con el pantalón aguamarina.
Siente el coro que le pide una solución.

Ubicarse en la misma punta
y de ahí lanzarse.

La lámpara se salvó de la basura
aquel febrero de divorcio.
Se fue a casa de isleños sonrientes
hasta para las lágrimas.

Única iluminación restante
en una casa atestada de sombras
danzantes nocturnos
quejidos
órdenes del otro lado del teléfono
desmoronándose sobre sábanas
con más de tres semanas sin lavar.

La lámpara no fue reemplazada.
La habitación permaneció a oscuras.
Perenne olor a soledad
hongo verdoso que lo cubre
sudor rancio que habita a la par.

Debió darse cuenta del desastre
tomar nota del entorno.
Botellas vacías de whiskey
hacían de floreros
en su cuarto alquilado
a un ex militar.

Debió hacerle las preguntas necesarias
cuestionarlo sobre el sudor en las almohadas
y la ropa aglutinada
con olor a licor.

La ceguera
y el deseo de ser consumido
terminaron convirtiéndolo
en ardiente discapacitado.

Dos hombres tendidos sobre una cama
exhaustos
cadáveres sometidos al deseo.
Palomas picotean contra el vidrio
alebrestan a la gata
embarran la escalera de incendio
con sus desechos.
Dos hombres que no saben si volverán
a despertar entrelazados.

Uno ha dado con un padre
al otro lo han vuelto a besar
después de una impuesta cuarentena.

Se rompió el ciclo
la aridez llegó a su fin.
Un jardinero tuvo la gentileza
de ir rociándolo.

No había horario para el regadío.
En la madrugada lo despertaba
sumergido en su trigal.
A la hora de irse
a la hora de la cena
en el desayuno
estremecidos repetían
el rito.

Tres semanas más tarde
volvió la sequía
sintió la piel cuarteándose
por el sobreuso de su mano
por la urgencia de rocío.

Alga marina
estridente sargazo
seductora fiel de su generación.
Mujer creada por la escasez.
No tiene tampones.
Usa a una hormiga
del mismo modo que lo hace con un rinoceronte.
Es experta en subirse encima.

Alga podrida
con tinajón de escribana a cuesta
con la navaja estratégicamente
ubicada entre sus piernas.

Te sumerges en su profundidad
gladiador con la punta de la lengua
amaestrador de fieras
insurgente para las caricias.
Disfrutas sin tocarte
observando su rostro
atento a sus quejidos
y gritos
llamando a un dios desconocido
para ti.

Regresas al ruedo
no quieres herir al toro
no le quieres clavar la banderilla.
Sin darte cuenta lo haces
magistralmente.
Fluyen ríos de sus ojos pardos
se inunda su tristeza
al oír tus palabras
al sentir la frialdad introduciéndose en su piel.

Dos harapientos
ambos rotos por diferentes toreros
en plazas muy disímiles.
Cómplices
de una misma calle
de un penúltimo intento.
No volver a caer en manos
de otro matador.

Koré trajo maíz
cebolla morada para los malestares
Prosecco
y un libro para aprender a cocinarle
a los santos.

Le advertí que en esta casa ya no quedaban
santos.
Bueno algunos si quedan:
Santa Elena
San Lizardo de la Calle Marina
Santa Elida de la Sirimba.

Koré vino con burka
no quiere que la reconozcan
en el inframundo
y la vuelvan a confundir con Melania
aunque ella no usa tacos altos.

Le expliqué que era mejor un velo de Versace.
¡Pero ese murió hace rato!
Y no voy a ver a Francisco
me dijo en su lenguaje inventado.

Koré vino con el río en sus manos
y tortugas comunistas.
Tres de ellas
en una bolsa Louis Vuitton
de Chinatown.

Le he tenido que traducir el cuaderno de viaje a Persia
de Annemarie Schwarzenbach
para ver si da con la luz.
Intento no tener que explicárselo a lo cubano.
Su cabeza tiene precio.
El plan es dar con el botín
empacarla mejor que la gelatina
y zafarse de ella.

Koré ha perdido su visión.
Sus espíritus llevan años secuestrados
por un charlatán
que come con las manos
y apesta a saliva.

Es domingo y uno debe barrer los pisos de madera
lustrarlos
aunque es imposible de borrar la evidencia.
Aquí han vivido asesinos.
Dentro de estas cuatro paredes
salpicadas por la angustia
han masacrado sueños.
Es evidente del derrumbe que ha existido.
Apuntalados han permanecido.
Esta casa es una carnicería de barrio
las moscas se amontonan
sobre los muslos rollizos
sobre los pies deformes
entre las grietas que ha ido creando
la decepción.

No tuvo pasado.
No ha tenido historia.
No trajo consigo un recuerdo.
No viajó como lo hacen ahora… con equipaje.
No logró sacar ningún tipo de *memorabilia*
para luego venderla en Ebay.

En el camaronero no cabían las maletas.
La furia del océano no permitía traer ni un verso.
La ropa fue tirada a la basura al desembarcar
sus manchas de orina y vómito tampoco sobrevivieron
a la tía pulcra y su lejía.

Hay una fosa común en su interior.
Los barbudos le robaron sus primeros diez años.
El Norte se ha encargado de la tortura restante.

¿Qué se hace con lo que ahora somos?

El arte tiene que volver a ser un acto de sinceridad.
Jacobo Fijman

Manuel Adrián López nació en Morón, Cuba (1969). Poeta y narrador. Su obra ha sido publicada en varias revistas literarias de España, Estados Unidos y Latinoamérica. Tiene publicado los libros: *Yo, el arquero aquel* (Editorial Velámenes, 2011), *Room at the Top* (Eriginal Books, 2013), *Los poetas nunca pecan demasiado* (Editorial Betania, 2013. Medalla de Oro en los Florida Book Awards 2013), *El barro se subleva* (Ediciones Baquiana, 2014), *Temporada para suicidios* (Eriginal Books, 2015), *Muestrario de un vidente* (Proyecto Editorial La Chifurnia, 2016), *Fragmentos de un deceso/El revés en el espejo,* libro en conjunto con el poeta ecuatoriano David Sánchez Santillán para la colección Dos Alas (El Ángel Editor, 2017), *El arte de perder/The Art of Losing* (Eriginal Books, 2017), *El hombre incompleto* (Dos Orillas, 2017), *Los días de Ellwood* (Nueva York Poetry Press, 2018/2020), y *Un juego que nadie ve* (Ediciones Deslinde, 2019-2020).

Su poesía aparece en las antologías: *La luna en verso* (Ediciones El Torno Gráfico, 2013) y *Todo Parecía. Poesía cubana contemporánea de temas Gay y lésbicos* (Ediciones La Mirada, 2015), *Voces de América Latina Volumen II (*Media Isla Ediciones, 2016*), NO RESIGNACIÓN. Poetas del mundo por la no violencia contra la mujer* (Ayuntamiento de Salamanca, 2016), *Antología Paralelo Cero 2017* (El Ángel Editor) y *Escritores Salvajes* (Hypermedia, 2019. Escribe una columna mensual en la revista ViceVersa.

Índice